Emil Strohal

Ein Nachruf

Von

Leopold Wenger

Berlin 1914.

J. Guttentag, Verlagsbuchhandlung,

G. m. b. H.

Emil Strohal

Ein Nachruf

Von

Leopold Wenger

Berlin 1914.
J. Guttentag, Verlagsbuchhandlung,
G. m. b. H.

Am 18. Dezember 1913 hat Emil Strohal in feierlicher Versammlung in der Aula der Wiener Universität seinem dahingegangenen großen Lehrer und Freunde Joseph Unger eine tief empfundene Gedenkrede gehalten: kein halbes Jahr war seit jenem Tage vorüber, als wir dem Redner selbst auf seinem Gange zur ewigen Ruhe schmerzgebeugt das letzte Geleite gaben.

Was Strohal in jener Rede auf den toten Freund und Meister gesagt, trifft in so vielem nun auf ihn selbst zu. Wie Unger ist auch er mitten in der Tätigkeit aus dem Leben abberufen worden, und auch ihm hat der Tod, Frieden nach rastloser Lebensarbeit gebietend, die Blumen des Frühlings auf das Grab gestreut.

Auch die österreichische Heimat hat Strohal mit Unger gemein. Und wenn sein Lebensweg ihn über die schwarzgelben Grenzen hinaus ins neue Deutsche Reich geführt hat, und wenn er dort beruflich so fest verankert war, daß er an eine Rückkehr nicht mehr denken wollte, als Wien ihm eine glänzende Rückkehr bot, und wenn er auch oft in hellem Unmut über die Heimat schalt, so ist er doch im Herzen ihr treu geblieben und hat in ihren Bergen alljährlich kurze Rast und Erholung gesucht und gefunden. In Tirol, wo seine Wiege stand, in Kärnten, wo er glückliche Jugendjahre verlebt und woher Mutter und Frau stammten, in der grünen Steiermark, von wo er den Aufstieg zur Höhe seiner Erfolge nahm, und am Lebensabend in den schönen Sommertagen von Bad Gastein. Und wenn ein junger Österreicher zu ihm kam und von ihm wissenschaftlichen Rat heischte, so schloß sich an den nie versiegenden Quell rechtswissenschaftlicher Belehrung und Debatte wohl stets im häuslichen Kreise die Erörterung der unerschöpflichen österreichischen Probleme. In Strohals Sorge um manche Zukunftsfrage der Donaumonarchie spiegelte sich so recht die treue Anhänglichkeit ans alte Vaterland. Äußerlich war sein Hausbrauch österreichisch geblieben, auch in Leipzig von treu besorgter österreichischer Frauenhand geleitet.

Strohals Vater stammte aus der Nähe von Olmütz in Mähren, seine Mutter aus Villach in Kärnten. In jungen Jahren kam der Vater als k. k. Revierförster nach Birgitz bei Zirl in Tirol. Dort wurde Emil Strohal am 31. Dezember 1844 geboren. Den Vater führte der Beruf nach Innsbruck und Wien, wo er als Ministerialkonzipist im k. k. Ministerium für Landeskultur und Bergwesen tätig war. 1855 raffte ihn die Cholera dahin. Mit vier Kindern blieb die Mutter in nicht leichten Verhältnissen zurück. Bald übersiedelte sie nach Graz. Emil besucht das Gymnasium und absolviert es 1862 mit bester Note. Aus dem frohen Kreis der Jugendfreunde von der Schulbank her blieben ihm in engster Zuneigung verbunden die nachmaligen Universitätsprofessoren Börner, von Zwiedineck-Südenhorst, die ihm beide im Tode vorangegangen, und R. von Scherer.

Im selben Jahre 1862 bezog Strohal die Universität Graz, um Jura zu studieren. Mit dem hochbedeutenden, früh verstorbenen Anton Mack, und dem jetzt als Hofrat am Reichsgericht in Wien wirkenden Karl Hugelmann gründete der junge Jurist eine politisch-wissenschaftliche Studentenverbindung „Orion“. Bald schloß sich da ein Kreis schwärmerischer Jünglinge zusammen, die in edlem und oft auch überschäumendem Streben und ernster Vorbereitung für eine höhere Bestimmung im Leben von Staat und Nation aufgingen. Graf Attems, nachmaliges Herrenhausmitglied, die späteren Universitätsprofessoren von Scherer, Grawein, Hans Groß[1]), Pattai, nachmals Politiker, Minister und Geheimer Rat, gehörten dem Kreise an und blieben Strohal in alle fernere Zeit verbunden. Strohal war der glänzendste Redner im Kreise und hatte sich bald eine führende Stellung in der Grazer Studentenschaft erkämpft. Seine Interessen waren die vielseitigsten: politische, nationalökonomische[2]), literarische. Aber seine starke Natur widerstand der dem Österreicher so leicht verhängnisvollen Gefahr einer Zersplitterung der Kräfte. Oberflächliche Vielwisserei und Seichtheit waren ihm jederzeit zuwider. Wie schwer ihm selber aber die Entscheidung für die Jurisprudenz geworden, darüber soll noch an späterer Stelle ein Wort gesagt sein.

Noch ein Moment, das für seinen Lebensgang wieder und wieder entscheidend wurde, tritt bereits jetzt bestimmend hervor: die enge Fühlungnahme mit der außerösterreichischen deutschen Jurisprudenz. Die Zeit, in der Strohal in Graz und Wien studierte, war die Zeit der neuen Blüte der österreichischen Universitäten, die Zeit der Reformen des genialen Ministers Grafen Leo Thun, der den alten Bann ängstlicher Absperrung auch der österreichischen Rechtswissenschaft gebrochen und die befruchtende Einwirkung der deutschen Jurisprudenz auf die österreichische mit allen Mitteln gefördert hat. So waren denn auch die Lehrer Strohals, deren er sich noch in späteren Jahren oft und gerne erinnerte, aus dem Norden gekommen, in

---

[1]) Ihm und Dr. Walter Strohal verdanke ich Notizen über diese Zeit aus Strohals Jugend.

[2]) Wie mir Groß mitteilt, hatte er vorübergehend sogar die Nationalökonomie als Lebensberuf ausersehen.

der schönen Hauptstadt der Steiermark neue Heimat suchend und findend. Strohal hörte bei Sandhaas, dem Germanisten, deutsche Rechtsgeschichte, bei Demelius, Maaßen und von Tewes römisches und Kirchenrecht. Aus eigenen Erzählungen Tewes', des Bremers, der auch mein Lehrer und väterlicher Freund geworden ist, weiß ich zu berichten, wie Strohals reger juristischer Sinn schon damals den Lehrern auffiel und wie seine scharfen Fragen wohl auch gelegentlich Verlegenheit bereiteten. Strohal blieb mit Tewes in herzlichster Freundschaft verbunden, bis ihm der Lehrer hochbetagt vor wenig mehr als Jahresfrist voranging. In wehmütiger Erinnerung gedenke ich der schönen Sommertage 1912, als sich beide in meiner Heimat in Kärnten zusammenfanden: zu frohem und ernstem Gedenken an die langvergangene Grazer Zeit.

Demelius' Einfluß auf Strohals wissenschaftlichen Werdegang war bedeutend. Das hat er selbst oft bekannt, das kann auch jeder aus dem schwungvollen und feinsinnigen Nachruf ersehen, den er dem Verstorbenen in der Zeitschrift der Savigny-Stiftung [1]) gehalten hat. Demelius war ihm erst Lehrer, dann Kollege und Freund. Und Strohal wahrte ihm die Treue auch über das Grab hinaus. Aus eigener Erinnerung heraus schildert er Demelius' ungewohnt launige Rede, bei der die altersgrauen Hörsäle der Grazer Juristenfakultät „ganz verwundert dreinschauten, als wollten sie dem alten Ichthyosaurus gleich klagen über der Zeiten Verderbnis. Seine Hörer aber — an Zahl niemals gering und stets wachsend — saßen lebhaft angeregt und reich belehrt zu seinen Füßen, und nicht selten raunte einer dem Nachbar zu, daß die Jurisprudenz doch ein ganz ander Ding sei, als man zur Zeit der notgedrungenen Berufswahl

---

[1]) Roman. Abt. Bd. XV (1894), S. 1—26.

sich vorgestellt hatte. Wie selten einer verstand es Demelius, in seinen Schülern wirkliche Freude an der Jurisprudenz zu erwecken, indem er ihnen eine lebendige Anschauung des Rechtslebens vermittelte, sie erzog zu geistiger Freiheit und Selbständigkeit des Urteils. Leicht floß ihm das Wort von den Lippen, aber er war kein Orator; kein Freund von blinkenden Redensarten und abgesagter Feind aller Künstelei, Geschraubtheit und komödiantenhaften Selbstgefälligkeit verleugnete er auch in seinem lebendigen und mit gesundem Humor gewürzten Vortrage die wohltuende Simplizität seines Wesens nicht. Die volle Eigenart seiner Persönlichkeit, die Originalität und Vielseitigkeit seines Geistes und die Tiefe seines Gemütslebens offenbarten sich aber erst bei näherem persönlichen Verkehr" [1]). Wer gedenkt bei dieser pietätvollen Würdigung nicht Strohals selbst? Wer, der zu seinen Füßen als Schüler gesessen, und wer, der das Glück gehabt, ihm persönlich nahe zu sein?

1864/65 studierte Strohal in Wien. Dort hat er vor allem bei Unger Vorlesungen über österreichisches Privatrecht, bei Glaser solche über österreichisches Strafverfahren und französisches Schwurgerichtsverfahren, bei Stein über Nationalökonomie gehört. In Wien greift Ungers Einfluß entscheidend ein. Was die österreichische Privatrechtskunde vor Unger gewesen und wie dieser sie zur Wissenschaft erhoben und ihre Verbindung mit der Pandektenweisheit des Usus modernus geschaffen hat, wie die Erforschung auch des österreichischen Privatrechts erst dem vollwertig gelingt, der mit beiden Füßen auf festem historischen Boden steht, das hat uns auch wieder Strohal in seiner schon eingangs genannten Gedenkrede [2]) auf Unger klar vor

[1]) A. a. O. S. 11 f.

[2]) Vgl. auch das Unger huldigende Schlußwort in Strohals Beitrag zur Festschrift zur Jahrhundertfeier des allgemeinen (österreichischen) Bürgerlichen Gesetzbuches (1911) II, 819 f.

Augen gestellt. So hat der reife Mann uns in diesen pietätvollen Reden auf seine Jugendlehrer sein eigenes Werden und Wachsen erschlossen, ungewollt, denn auch der Fernerstehende, der die schlichte Selbstbiographie liest, mit der Strohal in der Leipziger Festnummer der Deutschen Juristen-Zeitung [1]) in knappen Zeilen von seinem Werdegange erzählt, empfindet, daß ihm nichts ferner lag, als von sich Worte zu machen.

1865/66 weilte er wieder in Graz. Dort schloß er seine juristischen Studien ab und promovierte zum Doctor iuris utriusque am 11. Oktober 1867.

Es folgt die Zeit praktischer Betätigung in der Anwaltslaufbahn. Strohal hat die Advokaturspraxis zum kleineren Teile (1867—1869) in Graz beim späteren Bürgermeister der Stadt, Dr. Kienzl absolviert — dem Vater des der Familie eng befreundeten Komponisten Dr. Wilhelm Kienzl — der den „mit seltenem Talent begabten" jungen Juristen nur mit lebhaftem Bedauern scheiden läßt, zum größeren Teil (1870—1874) in Klagenfurt bei Dr. Luggin. Überall, wo er in der Praxis hervortrat, hat er Erfolg gehabt, Anerkennung und Bewunderung gefunden: das habe ich mehr denn einmal von Männern gehört, mit und neben denen Strohal praktisch gearbeitet hat.

In diese Jahre fällt auch eine regere politische Tätigkeit. Und jetzt mochte die Versuchung, der Jurisprudenz untreu zu werden, am stärksten gewesen sein. Das ist der „starke innere Zwiespalt", von dem er in der genannten [2]) kurzen Selbstbiographie spricht. „Jahrelang wohnten", fährt er dort fort, „zwei Seelen in meiner Brust, die eine rang nach politischer, die andere nach wissenschaftlicher Be-

[1]) XIV (1909) Nr. 15/16, Sp. 1029—1031.

[2]) DJZ. XIV, 1029 f.

tätigung. Die Ereignisse der Jahre 1866 und 1870/71 hatten die Deutschen in Österreich in mächtige Erregung versetzt. Wir damals noch unendlich Jungen gingen daran, eine neue, die Deutschnationale Partei zu bilden und ich tat mit Leidenschaft mit." In nationalen Kreisen Österreichs wurde Strohals Name stets als der eines Bahnbrechers neuer Ideen auf deutschnational-politischem Gebiete mit Verehrung genannt. Freilich, wer heute die beiden Reden liest, die er im „Verein der Deutschnationalen in Graz" im Jahre 1869 gehalten hat, sieht, daß die geschichtliche Entwickelung auch diesem begeisterten Jüngling nicht in allem Recht gegeben, daß auch manche Utopie in dem Streben der Deutschen in Österreich mitlief, — aber der Leser wird auch gerecht zugeben müssen, daß Strohal schon damals den Deutschen Wege zeigte, die ihren Einfluß in Österreich besser gewahrt hätten, als die Wankelpolitik mancher zünftigen Führer. Wenn Strohal für eine föderalistische Ausgestaltung Österreichs, für Sonderstellung der ehemaligen Bundesländer, selbständige staatsrechtliche Stellung Galiziens und ähnliche Forderungen eintritt, so sind das Probleme, deren Lösung freilich heute vielleicht schwieriger ist, als sie es damals gewesen wäre, die darum aber auch heute noch erwogen werden muß, wenn es für deutsche Zentralisierung jetzt nicht schon zu spät ist. Aber mögen wir heute so oder anders denken — auch Strohal selbst war nicht der Mann, zu anderen Zeiten an früher Erdachtem oder Erhofftem zähe festzuhalten —, eines werden wir in diesen Reden auch heute noch mit froher Zustimmung als dauerndes Vermächtnis buchen, daß er einer der ersten war, der ohne Zorn der notwendigen Auseinandersetzung von 1866 gedachte, und Deutschösterreich im Habsburgerreich seinen festen Platz anwies, gleichsam damals schon das segensvolle Bündnis ahnend, das beide Reiche nun schon so lange und so fest aneinanderschließt. Ferne von allen politischen Utopien hat Strohal in all diesen Reden die Zusammengehörigkeit des Volkes betont. So in einer Festrede bei der deutschen Friedensfeier in Klagenfurt 1871, die mit den Worten des Dichters schließt:

Auch über den Hängen der Alpen kreist,
Keinen Schlagbaum kennend, der deutsche Geist,
Und keine trennende Schranke.

Strohal hat der politischen Laufbahn, die ihm schon bei seiner hinreißenden Beredsamkeit in dem damals so gährenden Deutschösterreich Glanz und Erfolg in reichstem Maße gebracht hätte, entsagt. Er hat damit freilich auf seine politischen Interessen nie verzichtet, er hat sie gelegentlich in öffentlicher Rede ohne jede Ängstlichkeit vertreten [1]) und hat keine Gelegenheit vorbeigehen lassen, sie in privater Debatte zu verhandeln.

Hier mußte dieser politischen Interessen gedacht werden. Wer Strohal kannte, weiß, daß sie von seiner Persönlichkeit nicht weggedacht werden können.

Aber seine ganze Arbeitskraft gehörte, nachdem einmal die Entscheidung gefallen war, der Jurisprudenz. Ihr hat er mit Einsetzung seiner vollen Persönlichkeit gedient ohne Zweifel an der Richtigkeit seiner Berufswahl. Alles andere stand zurück vor der ars boni et aequi, wie sie Celsus-Ulpian definieren an jener Stelle, die der Rechtskaiser an die Spitze seiner Digesten gestellt hat. Als sacerdos iuris hat er zeitlebens gewirkt, in Praxis und Theorie, in Forschung und Lehre.

In die Klagenfurter Zeit fällt seine Vermählung

---

[1]) Seine Rede bei der Kundgebung der Leipziger Studentenschaft für die Deutschösterreicher am 13. Januar 1898 löste stürmischen Beifall aus. Vgl. Akadem. Blätter XII (1. Febr. 1898) S. 295.

(25. August 1873). Es war ein glücklicher Herzensbund, dem drei Kinder entsprossen: Emil, Walter und Dora.

Am 16. Dezember 1874 hat Strohal in Graz vor dem damaligen Oberlandesgerichtspräsidenten Dr. R. von Waser den Advokateneid abgelegt. Er übte dann wohl auch praktische Tätigkeit aus [1]). So war der Herd gegründet: ein beseligendes Familienleben und ein den Mann ausfüllender Beruf. Bei anderen wäre damit die Zeit behaglichen und sorglosen Lebensgenusses gekommen. Aber für Strohal waren nur die Lehr- und Wanderjahre vorüber: es kam für ihn die Meisterszeit. Äußerlich wird der neue Lebensabschnitt durch seine Habilitation für österreichisches Zivilrecht gekennzeichnet. Das war im Februar 1875 an der rechts- und staatswissenschaftlichen Fakultät der Universität Graz [2]).

Dort ermöglichte ihm der stete Kontakt mit der Praxis jene Art des Wissenschaftsbetriebes, den er für die Jurisprudenz als den wünschenswertesten, ja den allein wünschenswerten gehalten hat. „Ohne klare Vorstellung von der praktischen Funktion der Rechtssätze gibt es keine fruchtbare Jurisprudenz. Die Ermittelung von Rechtswahrheiten für den luftleeren Raum bringt uns nicht weiter": schreibt er gelegentlich des Leipziger Universitätsjubiläums unter sein, der Festnummer der Deutschen Juristenzeitung gewidmetes Bild [3]). Und er war auch im Sinne der praktisch-

---

[1]) Zwar ist Strohal, wie mir aus Klagenfurt und Graz freundlichst mitgeteilt wurde, nicht als selbständiger Advokat verzeichnet gewesen, aber in den Arbeiten im 2. und 3. Bande der Grünhut-Zeitschrift (1875/76) nennt sich der Verfasser „Advokat und Privatdozent in Graz". Bd. 4 (1877) nur mehr Privatdozent.

[2]) Als Grundlage der Habilitation diente seine Abhandlung „Die Eintragungstheorie in ihrer Geltung für das österreichische Recht" (s. u.). Der Probevortrag mit dem Thema „Über die Verpflichtung des Verkäufers zur Gewährleistung" fand am 3. Februar 1875 statt.

[3]) Jg. XIV (1909) 1033 f.

technischen Arbeit, die er geleistet, würdig der Juristen, die durch alle Zeiten und über alle Völker hin die klassischen gewesen sind. Der einzelne Fall führte ihn induktiv immer weiter. „Wie, wenn das aber so, so, so wäre?" Man empfand bei seiner lebhaft sich entwickelnden Debatte ordentlich den Geist, der vor Jahrhunderten die römischen Juristen das richtige Recht finden ließ. So voll und ganz dachte er sich in den Fall hinein, so sehr überblickte er alle Konsequenzen dieser oder einer anderen a priori möglich scheinenden Entscheidung, daß man nur staunen konnte über soviel Geistesgegenwart. Und dabei entwickelte er die Gedanken in klarer Schärfe. Wer nur ruhig ihrem Gange folgte, der wurde notwendig zu dem Ende geführt, zu dem Strohal den Zuhörer führen wollte. Diese seine Art war noch mehr für den Zuhörer berechnet, als für den Leser. Nirgends debattierte er lieber, als auf Spaziergängen. Und man sah es: nicht die geringste Mühe machte ihm dieses Zergliedern und Wiederaufbauen. Auch manch scherzendes epitheton non ornans bekam wohl der Gegner und Verfechter anderer Meinung bei deren Widerlegung und eine quaestio Domitiana mußte auch ein responsum Celsinum gewärtigen.

Hier muß zur vollen Kennzeichnung seiner Persönlichkeit auch auf seine umfassenden sonstigen Interessen und tiefgehenden Kenntnisse verwiesen werden. Neben der juristischen Dogmatik, so recht eigentlich dem Felde seiner Betätigung, hat er über ein ganz umfangreiches Maß von rechtshistorischer Bildung verfügt, über ein Maß, das weitaus für Ausfüllung einer rechtshistorischen Lehrstelle genügt hätte. Er verfolgte nicht bloß als geschulter Romanist und nachmaliger Nachfolger eines Rudolf von Jhering mit durchaus kritischem Auge die ganze romanistisch-rechtsgeschichtliche Forschung, so besonders die Interpolationenlehre, er nahm an den papyrologischen und in neuester Zeit an den assyriologischen Studien mehr als flüchtigen Anteil, er kannte die deutschrechtlichen Quellen und deren Literatur. Wir werden noch an einem konkreten Beispiele ersehen können, wie er das alles zu verwerten verstand. Er hat selbst römischrechtliche Themen behandelt und auch in den Arbeiten zum bürgerlichen Recht des Corpus juris nie vergessen.

Wie er über den Wert rechtsgeschichtlicher Forschung an sich und für die Erkenntnis unseres bürgerlichen Rechtes dachte, dafür mögen zwei gelegentliche Zitate aus Strohals Arbeiten Zeugnis geben. Seinen Nachruf auf Demelius [1]) schließt er mit den Worten: „Die historische Rechtswissenschaft ist nicht die Magd der Dogmatik des geltenden Rechtes, sondern auf höherer Warte stehend und den großen Zug der Entwickelung überschauend, lehrt sie uns das Recht der Gegenwart verstehen, indem sie uns das Vergangene kündet und wird um so mehr selbst zum Motor der Entwickelung, je weniger sie von jenem abhängig ist.“ Und in einer seiner Arbeiten aus den letzten Jahren [2]) schreibt er wiederum: „Obschon man zurzeit überwiegend noch gewohnt ist, unser Bürgerliches Gesetzbuch lediglich aus sich heraus zu erklären, so wird sich diese Methode für die Dauer doch nicht festhalten lassen. Auch das neue Bürgerliche Gesetzbuch ist ein Produkt historischer Entwickelung und ein sehr großer Teil dessen, was darin steht, beruht auf einem Rezeptionsprozeß, dessen Nachweis für das Verständnis des Gesetzes mitunter förderlicher sein kann, als

[1]) A. a. O. (oben S. 6, N. 1) 25 f. Vgl. auch das sympathische Wort über historische Romanistik bei Lexis, Die deutschen Universitäten I 334 a. E.

[2]) Der gesetzliche Übergang der Sicherungsrechte des Gläubigers auf den zahlenden Bürgen in neuer Beleuchtung. Iher. Jahrb. Bd. LXI (1912) S. 67.

ein von der Gedankenwelt, aus welcher heraus die Bestimmungen des Gesetzes entstanden sind, sich isolierendes Paragraphen-Schachspiel."

Natürlich ließ sich Strohal auch tiefe rechtsphilosophische Schulung nicht entgehen. In Gesprächen kam diese Seite seiner Bildung manchmal ganz überraschend zum Vorschein. Schriftstellerisch ist er meines Wissens nur einmal mit einer knappen Notiz über den zweiten Band von Sokolowskis Philosophie im Privatrecht[1]) hervorgetreten. Aber was er da in wenigen Worten zur Lehre Savignys vom Besitzwillen ausführt, die Sokolowski ganz auf Kantschen Einfluß zurückführen wollte, das verrät trotz der Strohal eigenen anspruchslosen Art der Darstellung eine staunenswerte Belesenheit in den Werken der Glossatoren, der französischen Romanisten des 16. Jahrhunderts, der späteren deutschen Praktiker und der Vertreter des Naturrechts.

Außer Politik und Jurisprudenz im angedeuteten weitesten Sinne, führten des Verewigten Interessen aber auch zur politischen und Kulturgeschichte aller Epochen der Menschheit. Mommsen, Häusser, Treitschke, Dahlmann, die großen englischen Historiker hatte er gelesen und mit Genuß durchgearbeitet; alles Wertvolle war eiserner Bestand seiner historischen Bildung geworden: die österreichischen Historiker, deren einer, R. von Krones, ihm Lehrer und Freund war, und sein Jugendfreund von Zwiedineck wußten davon zu berichten. Von den jüngeren österreichischen Historikern las er mit Vorliebe Friedjung.

Auch seine Belesenheit in der deutschen und fremdsprachigen Literatur setzte oft den Begleiter in Staunen.

---

[1]) DJZ. XIV (1909), 273.

Von deutschen Dichtern schätzte er den Österreicher Grillparzer nach Goethe zu höchst; für den köstlichen Humor Fritz Reuters hatte er inniges Verständnis. Von Engländern galt seine Vorliebe Walter Scott und Dickens. Der größte Geist dünkte ihm aber Shakespeare, dessen Werke ihm völlig vertraut waren.

Strohals äußerer beruflicher Werdegang ist bald erzählt. Der junge Privatdozent entsagt bald der praktischen Tätigkeit [1]), um ganz der Wissenschaft und der rasch großen Erfolg bringenden Lehre zu leben. 1877 bringt das Extraordinariat, 1881 das Ordinariat an derselben Universität.

Von seinen nahen wissenschaftlichen und persönlichen Beziehungen zu Demelius und von Tewes habe ich bereits berichtet. In dieser Grazer Zeit trat er zuerst Richard Hildebrand nahe, dann von Liszt, Wlassak, Pfersche, Riehl und dem früh verstorbenen Grawein. Pfersche hat in warmen Worten am Grabe Strohals diesen räumlich fernen, im Herzen nahen Freundeskreis vertreten. Von Österreichern, die selbst im Deutschen Reiche wirken, stand er besonders Brunner nahe [2]). Viele Jugendfreunde oder doch nähere Bekannte aus der Grazer Zeit waren später berufen, im österreichischen Staatsleben teils hohe und die höchsten Beamtenposten zu bekleiden, teils als Politiker oder Gelehrte zu wirken. Strohal legte großes Gewicht darauf, diese Beziehungen auch in der Ferne nicht erkalten zu lassen. Wenn ich einige Namen nennen darf, die ich teils aus des Verewigten eigenem Munde gehört, teils — wie so vieles andere, was auf diesen Blättern steht — der Mitteilung seines Sohnes, meines lieben Freundes, des Staatsanwaltes Dr. Walter Strohal verdanke, so

[1]) Sicheres vermochte ich hierüber nicht zu erfahren. Vgl. auch oben S. 11, N. 1.

[2]) Ihm ist die Schuldübernahme gewidmet.

erinnere ich aus dem Kreise der alten Freunde, Schüler und Bekannten an Dr. Kummer, den Mitgründer des Vereins der Deutschnationalen, an R. von Kaiserfeld, R. von Waser, an Schauer, Högel, Unterkreuter, von Namen aus den Registern der österreichischen Politik an von Lemayr, auch Stremayr, dann an Männer aus der österreichischen Politik der Gegenwart, an den Grafen Stürgkh, an von Hochenburger, an den Freiherrn von Bienerth, an Prade, dessen Leipziger Ehrendoktorat, zugleich eine ehrenvolle Freude für Deutschösterreich, er angeregt, an Dr. Steinwender. Von älteren und jüngeren Fachkollegen, mit denen er in nähere Beziehung trat, an Leopold Pfaff, Randa, Freiherrn von Schey, der sein Nachfolger in Graz wurde, Hanausek. Indes Strohals Bleiben war in Österreich nicht.

Denn schon schauen deutsche Universitäten nach dem Gelehrten aus — zuerst scheint eine Berufung nach Halle a. S. in Frage gekommen zu sein.

Das Schicksal gab den steigenden äußeren Erfolg nur um den Preis harten, nie verwundenen häuslichen Unglücks. Die liebende Gattin und sorgende Mutter rafft der Tod 1891 hinweg, bald nachher (1892) die, Mutterstelle an den Enkeln vertretende Mutter Strohals. Zum Sommer 1893 [1]) folgt er dem Rufe nach Göttingen. Die schwarzen Schatten, die sich in den letzten Grazer Jahren über das Haus gesenkt hatten, mochten ihm den Abschied von der Heimat weniger empfinden lassen. Schmerzbewegt läßt er die Huldigung der Studentenschaft beim Abschiedsfeste des verehrten Lehrers über sich ergehen. Freunden und Kollegen drückt er die Hand in Erinnerung an schönere Tage. Dann zieht

---

[1]) In seiner Autobiographie DJZ. XIV (1909), 1029 steht irrtümlich 1892, das Jahr, in dem wohl der Ruf erging. Die Enthebung vom österreichischen Staatsdienste ist vom 29. Januar 1893 datiert.

er, vom Unglück gestählt, aber nicht gebrochen, hinaus in die Nachfolge des gefeierten Pandektisten von Jhering.

Kurz nur ist der Göttinger Aufenthalt. Schon nach Jahresfrist folgt Strohal einem Rufe nach Leipzig, der Stätte, wo es ihm zwei Dezennien in ungebrochener geistiger Vollkraft zu wirken bestimmt war.

Die Kette des Leids ist noch nicht geschlossen: in der Heimat sterben die Geschwister dahin und 1902 nimmt der Tod das reiche, zu den größten Hoffnungen berechtigende Gelehrtenleben des Sohnes Emil fort, kurz vor dessen Habilitation für indische Philologie. Und Sorgen kommen auf Sorgen, Leid häuft sich auf Leid. Er hat es still und hehr getragen. Trost brachte die aufopfernd treue Liebe, mit der ihn der Sohn umgab und das glückliche Kinderspiel der Enkelin. Trost brachte auch immer wieder die rastlose Arbeit, in der er sich verzehrte.

Von ihr ist bisher noch wenig an positiven Daten berichtet. Es soll nun zusammenhängend nachgeholt werden. Aber wenn ich die Arbeiten chronologisch aufzähle, an denen sich sein Geist erprobt hat, so liegt es mir ferne, in ihre Würdigung einzutreten. Denn es ist nicht Ziel und auch nicht Möglichkeit dieser Zeilen, Strohals wissenschaftlichem Wirken auch nur annähernd gerecht zu werden. Seine Stellung in der österreichischen und in der deutschen Rechtswissenschaft bedarf auch keiner Worte. Und doch durfte die Aufzählung seiner Schriften nicht in die nüchterne Form eines Anhangsverzeichnisses gekleidet werden. Denn selten wird bei einem Manne das Leben so untrennbar zusammenhängen mit seinem Werk.

Dem österreichischen bürgerlichen Rechte dienen die ersten Abhandlungen, mit welchen der junge Gelehrte und Rechtsanwalt in die Öffentlichkeit tritt. Sie sind in Grünhuts Zeitschrift 1875 bis 1877 unter dem Titel „Die Eintragungstheorie in ihrer Geltung für das österreichische Privatrecht" erschienen. Die Abhandlungen von 1875 — zugleich die Habilitationsschrift — und 1876 betreffen das Eigentum, die von 1877 die Servituten. Jene ersteren bilden in abgeänderter und erweiterter Gestalt [1]) Strohals erstes Buch mit dem Titel: Zur Lehre vom Eigentum an Immobilien (Graz 1876). 1879 erscheint die auf gemeinrechtlicher Basis aufgebaute Untersuchung aus dem österreichischen Erbrechte „Transmission pendente condicione", „Joseph Unger, dem Begründer der Wissenschaft des österreichischen Zivilrechtes in Verehrung und Dankbarkeit zugeeignet". Kein Vorwort, wohl aber ein Zitat aus Unger [2]) zeigt das Bekenntnis des Dogmatikers zur Schule Savignys: „Wir dürfen die Regeln des corpus iuris nicht wie eine tote Masse betrachten, die keines inneren Wachstums mehr fähig sei. Wir müssen vielmehr vor Augen haben, daß das Recht, wie die Sprache in stetem Fluß, in ewigem Werden begriffen ist, daß es fortwährend Neues erzeugt und Altes abstößt". Aber nicht nur den historisch geschulten Dogmatiker verraten schon diese Arbeiten, sondern sie umschreiben auch jene Gebiete des Privatrechts, denen in erster Linie die Lebensarbeit des Verewigten gelten sollte: dem Sachenrechte und dem Erbrecht.

Es folgt 1880: Die Prioritätsabtretung [3]) nach heutigem Grundbuchrecht mit besonderer Rücksichtnahme auf die österreichische Gesetzgebung, die Festschrift der Grazer Universität aus Anlaß ihrer Jahresfeier am 15. November 1880. In diesem Werke tritt die Beherrschung und wissenschaftliche Durchdringung auch der außerösterreichischen, auf dem

---

[1]) S. Grünh. Z. IV, 475*.

[2]) Verträge zu Gunsten Dritter S. 58.

[3]) Vgl. auch zur Lehre von der Prioritätsabtretung in Jur. Blätter (Wien 1882) S. 627 ff.

Boden des gemeinen Rechts erwachsenen Kodifikationen schon scharf hervor. Der Mann, der später zum besten Kenner des bürgerlichen Rechts des Deutschen Reiches werden sollte, hat jetzt schon außer dem österreichischen alle partikulären Rechte, die in jenes eine Recht aufgehen sollten, in seinen Studienbereich gezogen.

Mit Leopold Pfaff und Randa erstattet Strohal ein Gutachten über die beantragte Revision des österreichischen Schadensersatzrechts (Wien 1880). Aber schon der in einen Gesetzesvorschlag ausmündende Aufsatz „Die Eigentümerhypothek im österreichischen Rechte“ [1]) führt ihn wieder ins Sachenrecht zurück. Eigentümerhypothek und Verwertung der erledigten Hypothek durch den Grundstückseigentümer beschäftigen ihn schon fürs heimatliche Recht aufs lebhafteste. Nicht ohne Bitterkeit verweist er später einmal auf sein erfolgloses legislatorisches Mühen in dieser Frage [2]).

Wieder wendet sich Strohal in intensivster Arbeit dem römischen Rechte zu: Die Sukzession in den Besitz nach römischem und heutigem Recht — eine neuerliche Festschrift seiner Universität (1885) — bezeichnet sich als „zivilistische Untersuchung“. Wiederum zeigt er die Lehren des römischen und des gemeinen Rechts als Grundlagen unserer Jurisprudenz auf und schließt mit einem erwartenden Ausblick auf das „neue deutsche Zivilgesetzbuch“.

Nun aber wird die Bahn frei für die eigentliche Lebensarbeit am neuen deutschen bürgerlichen Gesetzbuch. Unter der Flut von Schriften, die sich über den 1888 veröffentlichten ersten Entwurf ergießen, zählen Strohals Arbeiten zu den wenigeren von dauerndem Wert. Mit liebevollem Eifer verfolgt er diese starke Lebensäußerung des jungen Deutschen Reiches. Und kein Zweifel, die stürmisch drän-

[1]) Gellers Zentralbl. f. d. jurist. Praxis 1883, S. 261 ff.
[2]) Jher. Jahrb. XXXI (1892) 281².

gende Begeisterung des Jünglings, die erst in der Politik sich betätigte, aber dort kein Genügen finden konnte, lebt sich in verklärter Form aus in der liebevollen Beschäftigung mit dem werdenden, wie nachher mit dem vollendeten einen deutschen bürgerlichen Recht. Zwar hat Strohal gewiß das Interesse am alten österreichischen Recht nicht verloren, das er ja noch in der Lehre ganz vertreten muß, und dem er gelegentlich auch noch besondere literarische Arbeit widmet [1]), aber dieses Interesse muß natürlich zurücktreten gegenüber dem überwältigenden Neuen, das jetzt im Vordergrunde steht.

In rascher Folge erscheinen die bekannten Abhandlungen in Iherings Jahrbüchern. Erst Rechtsübertragung und Kausalgeschäft im Hinblick auf den Entwurf eines bürgerlichen Gesetzbuches für das Deutsche Reich [2]); dann Streifzüge im Entwurf eines bürgerlichen Gesetzbuches für das Deutsche Reich [3]), die in ihrer ersten Folge Geschäftsfähigkeit, Willenserklärung, den Nichtigkeitsbegriff, den Einfluß der mangelnden Einwilligung des Inhabers eines belasteten Rechtes auf die angestrebte Aufhebung des belasteten Rechtes, in ihrer zweiten Folge Lebensvermutung und Todeserklärung, Fundrecht, Eigentumsersitzung an Mobilien, Nacherbschaft, „Einwilligung" behandeln. Gerade

---

[1]) Die Gültigkeit des Titels als Erfordernis wirksamer Eigentumsübertragung. Zugleich ein Beitrag zur österreichischen Kodifikations-Geschichte. Vortrag. Graz 1891. Vgl. auch die Bemerkung über die österreichische Jurisprudenz bei Lexis, Die deutschen Universitäten I, 331 f. In eingehender Arbeit kehrt Strohal noch einmal zum österreichischen Rechte zurück in der von hoher Warte aus geschriebenen Studie: Über relative Unwirksamkeit, mit der er die Festschrift zur Jahrhundertfeier des allgemeinen (österreichischen) Bürgerlichen Gesetzbuches geschmückt hat (Bd. II, 747—820). Dazu unten S. 30.

[2]) Bd. XXVII (1889), 335—462.

[3]) Bd. XXVIII (1889), 344—385 und Bd. XXX (1891), 144—196. Das im Text S. 21 gegebene Zitat ist aus S. 195 f. entnommen.

das letzte Thema gibt dem Verfasser willkommenen Anlaß, eine allgemeine Lehre für den Gesetzgeber in starke Erinnerung zu bringen: „Weise Zurückhaltung gegenüber den abstrakten Problemen der allgemeinen Rechtslehre gehört zu den obersten Postulaten einer guten Gesetzgebungspolitik, und indem die Redaktoren des Entwurfs diesem Postulate zuwiderhandelten, haben sie eine Reihe von Mißgriffen begangen, vor welchen Gesetzgebungskommissionen früherer Zeiten schon in Folge des Mangels an theoretischem Gepäck glücklich bewahrt gewesen sind [1]." Aber gleichwohl lebt der Rezensent des Entwurfs einer sicheren Überzeugung, die er in die nicht bloß für seine juristische Stimmung bezeichnenden Worte kleidet, „daß das deutsche Zivilgesetzbuch jenen großen realistischen Zug nicht verleugnen wird, welcher dem neuen Reiche sein eigenartiges Gepräge gibt". Zwischen die Streifzüge hinein fällt die erste Abhandlung: Zum Besitzrecht des Entwurfs eines bürgerlichen Gesetzbuchs für das Deutsche Reich [2], deren Ergebnisse betreffend den Inhabungs-, bzw. Besitzesschutz in knapper Paragraphenfassung zusammengestellt und damit unmittelbar für den Gesetzgeber hergerichtet sind [3]. Überall begleitet lebendige Kasuistik die theoretischen Ausführungen. Ein zweiter Beitrag zum selben Thema [4]) behandelt Erwerb und Verlust des Besitzes, wiederum mit, diesmal vorangestellter, Paragraphenformulierung [5]. Es ist auch heute noch, wenn wir mit einem positiven Besitzrecht rechnen, das vielfach anders lautet, als Strohals

---

[1]) Vgl. auch die Billigung der Kritik Gierkes, die Strohal bei Lexis, Die deutschen Universitäten I 333 f. ausspricht.

[2]) Bd. XXIX (1890), 336—396.

[3]) §§ 1—3 S. 371 f. §§ 4—10 S. 392 f.

[4]) Bd. XXXI (1892), 1—78.

[5]) S. 2—5. §§ 1—3 l.

Vorschläge waren, ein Genuß, diese edlen Blüten echter Pandektenweisheit, des von Rom zur Gegenwart herabführenden Usus modernus zu betrachten. Im selben Bande von Iherings Jahrbüchern steht der ebenfalls einer Revision des ersten Entwurfs dienende Beitrag Eigentümerhypothek, Hypothekenerneuerung und Rangordnungsgeschäfte [1]), eine Arbeit, bei der Strohal auf frühere austriazistische Studien zurückgreifen kann [2]). Das gleiche Jahr bringt die von der Grazer Juristenfakultät Ihering zum fünfzigjährigen Doktorjubiläum dargebrachte Arbeit: Die Anfechtung letztwilliger Verfügungen im deutschen Entwurf (Graz 1892). Es war die letzte Arbeit Strohals, der sich die heimische Universität berühmen durfte.

Denn bald sollte, wie schon oben kurz berichtet, der Verfasser der Festgabe den Lehrstuhl des großen Pandektisten als dessen berufener Nachfolger betreten. Rudolf von Ihering ist am 17. September 1892 gestorben. Strohal war von Ihering selbst schon in einem Briefe von 1888 als erwünschter Nachfolger bezeichnet worden. So tat er den großen, für seine weitere Wirksamkeit ja so entscheidenden Schritt über die Grenze. Freilich der Lehrauftrag für römisches Recht, in dessen damals noch geltendem Anwendungsgebiet Göttingen ja lag, konnte dem dem modernen Recht mit seinem ganzen Feuereifer Zustrebenden nur in Iherings programmatischer Fassung „durch das römische Recht über das römische Recht hinaus" zusagen. Wie weit er sich die Grenzen seiner Aufgabe steckte, davon zeugt der Artikel über Modernes Privatrecht in Lexis, Die deutschen Universitäten [3]).

Seit 1893 steht der Name Strohal auf dem Titelblatte

---

[1]) Bd. XXXI (1892), S. 280—329.

[2]) Vgl. oben S. 19, N. 1.

[3]) 1893. Bd. I, S. 325—334.

von Iherings Jahrbüchern, seit 1911 hat er mit seinem treuen Freunde Ehrenberg nach Regelsbergers Tod die Redaktion geführt. Er hat dieser Zeitschrift Gefolgschaft geleistet bis zur letzten Abhandlung [1]), bei deren Versendung ihm der Tod die nimmermüde Feder aus der Hand nahm.

Während des Göttinger Aufenthaltes begann der zweite Entwurf zum Bürgerlichen Gesetzbuch zu erscheinen. Und schon finden wir den Kritiker Strohal auf dem Plane. Ein in der Berliner Juristischen Gesellschaft am 10. Februar 1894 gehaltener Vortrag beurteilt das Recht der Schuldverhältnisse [2]). Das Urteil ist im wesentlichen günstig. Die Besprechung wird in den Bemerkungen zum zweiten Entwurf [3]) fortgesetzt. Die neuen Ausführungen gelten dem Allgemeinen Teil, dem Personenrecht, den Rechtsgeschäften und der Verjährungslehre. Auch in diesem Aufsatze ist dem neuen Entwurf, der tiefgehenden Umarbeitung der ersten Vorlage, der Selbständigkeit und Gestaltungskraft [4]) der Verfasser manches Lob gezollt [5]).

Strohal ist mittlerweile nach Leipzig übergesiedelt. Wieder wechselt die Lehraufgabe. Sie umspannt jetzt zunächst nur sächsisches Privatrecht. Aber dieser wiederholte Wechsel des Lehrstoffes kann so wenig die wissenschaftliche Schöpferkraft hemmen, als der Wechsel der Lebensbedingungen von der österreichischen Heimat zum stillen Göttingen und von da in die Großstadt. Seine Bibliothek

---

[1]) Schuldpflicht und Haftung, Bd. LXII (1914).

[2]) Abgedruckt in Iher. Jahrb. XXXIII (1894), 361—388.

[3]) Iher. Jahrb. XXXIV (1895), 325—376.

[4]) A. a. O. 326.

[5]) Auch die gelegentlichen Urteile über das Familienrecht a. a. O. 326[1] und das Erbrecht des zweiten Entwurfs (vgl. Strohal Erbrecht[1] 2) sind günstig. Vgl. noch Strohals Gesamturteil in den Verhandl. 23. D. Jur.-Tag Bd. 2, S. 458 f.

begleitet ihn ja überall hin und bei seinem Schreibtisch vergißt er die ihn umgebende Welt.

Für Strohal bedeutete es ein persönlich nahegehendes Ereignis, als das langwierige mühevolle Gesetzeswerk am bürgerlichen Recht dem Ende zugeht. „Die Bedürfnisse des Lebens und der Praxis, der Wissenschaft und des Unterrichts drängen gleichmäßig zur endlichen Beseitigung eines Zustandes der Rechtszersplitterung, dessen Unzuträglichkeiten sich täglich fühlbarer machen, und ich begreife daher auch die Ungeduld, mit welcher der Einführung des Bürgerlichen Gesetzbuches in großen Kreisen entgegengesehen wird", ruft er in der zitierten Rede in der Juristischen Gesellschaft zu Berlin aus [1]); und immer wieder klingt dieses Leitmotiv der Sehnsucht durch. Strohals wissenschaftliche Veranlagung ist alles eher als nur kritisch negativ. Er will auch aufbauen als der ersten einer, Führer sein durch das neue deutsche Recht für Wissenschaft und Praxis. Sein Verhältnis zum Bürgerlichen Gesetzbuch, das er zunächst von weiter Ferne her, dann in nächster Nähe hatte werden und wachsen sehen, an dessen endgültiger Gestaltung seine schaffende Hand mitgewirkt hatte, indem seine Kritiken auf die Gesetzgeber wiederholten Einfluß nahmen, sein Verhältnis zum fertigen Gesetz war ein ganz eigenartiges. Ich glaube, der Verewigte würde zustimmend nicken, wenn ich es mit „Liebe" bezeichnete. Ihm war das Gesetz nicht bloß ein Objekt nüchterner Forschung, ihm war es ein Sorgenkind. Er konnte sich aufrichtig freuen über gelungene Partien, über Wege, die es in schwierigen Fällen wies, in Fällen, die er selbst konstruierte oder die ihm die Praxis an die Hand gab. Er konnte sich herzhaft ärgern und schelten, wenn das Gesetz versagte. Ihm war die Beschäftigung mit dem Gesetz so lieb geworden,

[1]) Iher. Jahrb. XXXIII, 362.

daß er dem ehrenvollen Rufe an die Wiener Universität nicht mehr zu folgen vermochte: hätte er ja doch damit den großen Aufgaben untreu werden müssen, die seiner in der Literatur des deutschen bürgerlichen Rechtes noch harrten. Aber so wenig er das deutsche bürgerliche Recht als Lehr- und Forschungsobjekt mit dem heimischen österreichischen nochmals hätte vertauschen mögen, so sehr hielt er sich auch von den Siegesfanfaren für das neue schweizerische Zivilgesetzbuch zurück. Ja es ist ein besonders schönes Zeichen der Objektivität und Gerechtigkeit seines wissenschaftlichen Urteils, wenn er diese Zurückhaltung bei Besprechung einer Frage [1]) übt, in der das deutsche Gesetz trotz Strohals lebhafter Opposition [2]) gegen ihn, das schweizerische aber in seinem Sinne bestimmt hatte: ich meine bei der Frage nach dem Zusammenhang von Kausalgeschäft und Rechtsübertragung, in der das neuere Gesetz den „großen Grundsatz" [3]) von der Abstraktheit der Verfügungsgeschäfte ablehnte.

Wiederholt schon hatte Strohal auf die Schwierigkeiten des pandektologischen Unterrichts hingewiesen: auf die unerfreuliche Doppelaufgabe des Romanisten römisches Recht der Römerzeit und römisches Recht der Jetztzeit darzustellen. Kein Wunder, wenn er auf der Eisenacher Konferenz [4]) deutscher Privatrechtslehrer als der Berufenste zum Vortrag über „Die zukünftige Gestaltung der Vorlesungen über das Bürgerliche Gesetzbuch" ausersehen war [5]).

---

[1]) Rechtsübertragung und Kausalgeschäft nach dem Schweizerischen Zivilgesetzbuch, Leipziger Zeitschrift III (1909), 610—615.

[2]) Iher. Jahrb. XXVII, 335 ff. und Die Gültigkeit des Titels.

[3]) Vgl. Deutsche Mot. Bd. II, S. 3. Strohal, a. a. O. 611.

[4]) Am 23. März 1896.

[5]) Der Vortrag und die Beschlüsse der Konferenz sind abgedruckt in der DJZ. 15. April 1896, I 145—147.

Wie der Meister des bürgerlichen Rechts seine Kraft steigert und steigert und sich selbst überbietet, das weisen so recht die drei Auflagen seines wohl vollendetsten Werkes „Das deutsche Erbrecht". Die erste Auflage darf sich noch eine kurzgefaßte Darstellung nennen [1]). Ein Vortrag über das Erbrecht der Reichstagsvorlage, am 2. Mai 1896 in der Berliner Juristischen Gesellschaft gehalten, wuchs sich zur ersten Darstellung des geltenden Erbrechts aus. Der Verfasser hatte die Freude, einige seiner Anregungen [2]) besonders verwertet zu sehen. Knapp zwei Monate nach der Publikation des Gesetzes liegt schon diese Bearbeitung vor. Das Vorwort ist vom 18. Oktober 1896 datiert. Das dem Buche vorangeschickte wissenschaftliche Darstellungsprogramm gilt natürlich nicht bloß für die Bearbeitung des Erbrechts. Die Sätze, die der Verfasser in der Einleitung aufstellt, beanspruchen auch heute noch allgemeine Geltung. Die großen Aufgaben, lehrt Strohal, welche uns durch das Bürgerliche Gesetzbuch gestellt würden, seien vierfacher Art und bestünden: „in der Herausstellung des Inhalts des neuen Rechts, in der Ausgestaltung und Fortbildung der großen Zahl entwicklungsfähiger Rechtssätze, welche uns das Gesetzbuch bietet, in der Überwindung des formalistischen Zuges, welcher sich als Überrest einer älteren juristischen Bildungsperiode im Gesetzbuch noch fühlbar macht, und in der unbefangenen Nachweisung der Mängel, welche dem neuen Rechte anhaften und deren Verbesserung früher oder später notwendig werden wird". Und weiter sagt er: „Nur Toren können glauben, daß diese Aufgaben rasch erledigt werden können. Allein sie werden gelöst werden, wenn wir, weder der Überhebung noch der Mutlosigkeit uns ergebend, bescheiden und unverdrossen an die

[1]) VII und 168 S.

[2]) S. 2.

Arbeit gehen und nicht versäumen, die lebendige Kraft zu nützen, welche uns aus der — jedenfalls freudig zu begrüßenden — Rechtseinheit allmählich erwachsen muß."

Rastlos schreitet der Unermüdliche weiter. Jetzt kommt das Sachenrecht an die Reihe. Eine eingehende Studie behandelt den Sachbesitz nach dem Bürgerlichen Gesetzbuch [1]): alle Vorzüge Strohalscher Darstellungskunst finden sich wieder. Aber die Arbeit am Sachenrecht muß unterbrochen werden, denn schon mahnt der Verleger ungeduldig um die Neuauflage des Erbrechts. Sie ist ein neues Werk geworden [2]), gewidmet dem Andenken an Otto Müller. Zum dritten Male erscheint dasselbe Werk, jetzt in zwei Bände geteilt, in den Jahren 1903 und 1904 [3]). Über diese Arbeit zu urteilen steht dem, der größtenteils Strohals Schule seine Zivilrechtskenntnis verdankt, nicht zu, auch wäre hier nicht Raum dafür gegeben. Aber zum Danke der Mitwelt, der dem Verfasser in reichem Maße zuteil geworden, darf sich schon hier die Ankündigung des Dankes der Nachwelt schließen, des Dankes aller, die in die nicht gerade immer klaren und leichten Fragen des Erbrechts in Lehre, Praxis, Wissenschaft eindringen müssen und die, wenn sie nicht an der Oberfläche bleiben wollen, auch hinfort keinen besseren Führer und Leiter sich wünschen können, als den, dessen treue Augen über diesem Werke so manche Stunde gewacht haben.

Ein erbrechtliches Thema behandelt das Leipziger Dekanatsprogramm von 1899: Das Pflichtteilsrecht der entfernteren Abkömmlinge und der Eltern des Erblassers

---

[1]) Iher. Jahrb. XXXVIII (1898), 1—137; auch als Separatabhandlung erschienen.

[2]) I. Teil 1900. Das Gesamtwerk 1901. X und 599 S.

[3]) Bd. I, XVI und 551 S., Bd. II, VIII und 467 S.

nach dem deutschen Bürgerlichen Gesetzbuche[1]). Und auch nach der wiederholten monographischen und systematischen Durcharbeitung des Stoffes hält Strohal das Erbrecht fest. Ist er doch der gegebene Kommentator des fünften Buches für den führenden Planckschen Kommentar. Durch enge persönliche Freundschaft seit der Göttinger Zeit mit Planck verbunden, erscheint Strohal unter den Mitherausgebern der dritten Auflage. Den fünften Band hatte er zunächst zur Bearbeitung allein übernommen[2]), dann aber, die Sache seiner Person wie immer voranstellend, um den Abschluß zu beschleunigen, einige Partien[3]) der ihm so lieben Arbeit an andere Mitarbeiter abgegeben. So war die Vollendung der Neuauflage des Ganzen 1908 ermöglicht. Nach Plancks Tode (1910)[4]) fiel die Leitung des ganzen Kommentars von selbst Strohal zu. In liebevoller Weise zeichnet er das Bild des Verstorbenen im Vorwort zur 4. Auflage: hoch ist das Ziel, das er sich als Nachfolger steckt. Die neue Auflage soll über die früheren noch erheblich hinausgehen. „Dem Leben und der Praxis soll sie vor allem dienen, auf wissenschaftlichen Charakter aber nicht verzichten. Sie soll nicht eine bloße Materialiensammlung sein, sondern den Stoff in geistiger Verarbeitung darbieten, nicht an der Oberfläche bleiben, sondern in die Tiefe gehen, dem Gesetze gerecht werden, von bloßer Buchstabengläubigkeit und formalistischer Behandlung sich aber frei halten und überall nach sachlich befriedigenden Lösungen ringen." Das ist wieder Strohals Arbeit am bürgerlichen Recht.

[1]) Wie sehr er noch immer in monographischer Arbeit aus dem Gebiete des Erbrechts Neues hervorzuholen wußte, zeigt der Beitrag zur Festschrift zum 70. Geburtstag Otto Gierkes: Anteil am ungeteilten Nachlaß und Erbschein. S. 917—950 (1911).

[2]) Vorwort zur 3. Aufl. des I. Bd. S. V.

[3]) Vorwort zur 3. Aufl. des V. Bd.

[4]) Strohal hat am Grabe seines Freundes gesprochen.

In Bad Gastein, Ende August 1913, hat er den ersten Band der vierten Auflage in die Welt geschickt. Er sollte die Vollendung des zweiten Bandes nicht mehr erleben. Und das Erbrecht muß nun von anderer Hand geschrieben werden. Doch zurück zu seinem Schaffen!

Ganz absorbierte auch das Erbrecht nicht seine sich im Alter stets steigernde Arbeitskraft. Wiederholt greift er ins Sachenrecht hinüber, dessen Gesamtdarstellung, noch immer zurückstehen muß; auch hier reizen ihn besonders abseits von der Fülle des Gewöhnlichen liegende Probleme und Fragen, die zugleich in andere Rechtsgebiete hinübergreifen [1]). Einmal kommt er, allerdings von dem ihn viel beschäftigenden Verfügungsbegriff aus, zur Behandlung einer Frage aus dem ehelichen Güterrecht [2]), dann betritt er in der Festschrift der Leipziger Juristenfakultät zum goldenen Doktorjubiläum seines hochgeschätzten Kollegen Degenkolb auch das Grenzgebiet des Prozeßrechts [3]), wenn er, freilich als Privatrechtsforscher, die Grenzen der Urteilsrechtskraft bei betagter und bedingter Berechtigung untersucht. Die aus einem Berliner Vortrage erwachsene Studie Die Behandlung der nicht valutierten Grundschuld in der Zwangsversteigerung [4]) fördert das Sachen- und Exekutionsrecht. Dasselbe Jahr 1911 bringt den schon wiederholt genannten Beitrag zur Festschrift zur Jahrhundertfeier des österreichischen Bürgerlichen Gesetzbuchs „Über relative Unwirksamkeit“, eine den Jetzigen kaum mehr

---

[1]) So „Das Sparkassenbuch im Sachenrecht“, Recht V (1901) 158—161; dann „Kommt dem Vorgemerkten der öffentliche Glaube des Grundbuchs zustatten?“ Leipziger Dekanatsprogramm 1904.

[2]) Über § 1397 BGB. als Beitrag zur Lehre von den Verfügungsverträgen, DJZ. XIV (1909), 1031—1036.

[3]) Drei Beiträge zum bürgerlichen Recht. Von Sohm, Hölder, Strohal S. 135—166. 1905.

[4]) Iher. Jahrb. LIX (1911), 149—198.

erreichbare Musterleistung, die römische Quellen ebenso meistert, wie die bürgerlichen Gesetzbücher und Prozeßordnungen Österreichs und Deutschlands, die Konkursordnungen und die anderen Nebengesetze. Der Heimat wollte der Verfasser etwas besonders Schönes bieten, der Heimat, von deren Erde er „sich umwittert fühlte", als er diese Abhandlung niederschrieb; der Erinnerung an vorüberziehende „Bilder längst vergangener froher Tage" hat er hier in Treuen in seiner Art geopfert.

In den letzten Jahren seines Wirkens beschäftigt ihn aber trotz seiner Vielseitigkeit ersichtlich am intensivsten ein Problem aus dem Obligationenrecht [1]) oder richtiger das Problem der Obligation: Schuld und Haftung, das Problem, das germanistische und romanistische Historikerkreise bewegt und erregt hat, wie kaum ein zweites der jüngeren Zeit und das wohl noch nicht so bald zur Ruhe kommen wird. Mit all dem historischen Rüstzeug bewehrt, das ihm Germanistik, Romanistik und die Forschung im griechischen Recht bereit stellen müssen, tritt er mit der „Schuldübernahme" 1910 hervor [2]). Das Buch hat begreifliches Aufsehen erregt und manchen, teils scharfen Widerspruch erfahren — von der einen Seite, die eine Verwertbarkeit der Schuld-Haftungs-Theorie fürs moderne Recht überhaupt leugnet, aber auch von der anderen, welche Anhängerin, ja Bannerträgerin dieser Lehre ist, aber sie konstruktiv anders gestalten will. Strohal blieb

---

[1]) Schon die kleineren bürgschaftsrechtlichen Studien weisen in diese Richtung: Zur Lehre vom Eintritt des Bürgen und des Drittverpfänders in die Rechte des befriedigten Gläubigers nach BGB. DJZ. VIII (1903), 373—377 und: Der gesetzliche Übergang der Sicherungsrechte des Gläubigers auf den zahlenden Bürgen in neuer Beleuchtung. Iher. Jahrb. LXI (1912), 59—108.

[2]) Iher. Jahrb. LVII (1910), 231—494; auch im Sonderabdruck erschienen und Heinrich Brunner gewidmet.

die Antwort nicht schuldig. Die Festgabe der Leipziger Juristenfakultät für Dr. Karl Binding (1914) enthält die umfangreiche Replik: Schuldpflicht und Haftung [1]). Mit der sich stets weitenden historischen Forschung hält er überall in bewundernswerter Belesenheit Schritt. Nicht germanistische noch romanistische und hellenistische Quellenforschung entgeht ihm, er folgt auch den jüngsten Arbeiten, die aus babylonisch-assyrischen Quellen Erweiterung des Gesichtsfeldes erstreben [2]). Und alles stellt er in den Dienst der Erforschung des Rechts des bürgerlichen Gesetzbuches. Das Problem wird, wie gesagt, gewiß noch manche Rede und Gegenrede veranlassen und das Wort des jetzt Verstummten nicht das letzte in der Debatte sein. Aber man wird dieses Wort nicht bloß als das eines dahingegangenen Streiters für Wahrheit und Recht ehren, sondern man wird es wissenschaftlich nützen und werten. Hier zur Frage selbst mit ein paar souveränen Bemerkungen Stellung zu nehmen, wäre ebenso naiv als anmaßend und so gar nicht im Sinne des Dahingeschiedenen, der auch auf diesem Gebiete Jahre und Jahre hindurch alles Für und Wider erwogen hat, das rechtsgeschichtlich, philosophisch und dogmatisch gleich geschultes Denken aufbringen mochte.

War gleich die Kodifikation des bürgerlichen Rechts bei Eintritt Strohals in den Göttinger und Leipziger Wirkungskreis schon zu weit, als daß er in einer Kommission unmittelbaren Einfluß hätte üben können, so hat doch seine geschilderte kritische Arbeit zu den Entwürfen starken Einfluß auf die endgültige Gestaltung des Gesetzes nehmen können. Mehr noch aber bedeutete seine Propaganda

---

[1]) Der Beitrag, auch selbständig erschienen, ist ein Buch von 166 S.

[2]) Vgl. den Hinweis auf Koschaker, Babylonisch-assyrisches Bürgschaftsrecht (1911) bei Strohal, Schuldpflicht und Haftung S. 6; auch die dort Anm. 11 angefügte neuere romanistische Literatur.

für das fertige Gesetz. Auf Vorträge in der Berliner Juristischen Gesellschaft ist schon hingewiesen worden. Große Vortragsreihen in Leipzig, wo er vor einem Auditorium von Reichs- und Landgerichtsräten, Präsidenten und Staatsanwälten und dem ganzen juristisch interessierten Leipzig mehrere Semester hindurch las, dann in Dessau und in anderen Städten waren für die Praxis bestimmt. Strohal war nicht nur Lehrer des studierenden Jünglings, sondern blieb Lehrer des ins Leben gestellten praktischen Juristen. Und gerade die schwierigsten und verzwicktesten Fälle waren es, die er am liebsten auseinanderlegte. Er war der berufene Redner der Universität beim Jubiläum des Reichsgerichts.

An seine Tätigkeit zur lex lata schloß sich unermüdliches rechtspolitisches Schaffen zur Besserung des bestehenden Rechts. Hier verdient Strohals hervorragender Anteil an der Arbeit des Deutschen Juristentags zunächst genannt zu werden. Das erstemal, soweit ich sehe, begegnet sein Name schon in den Verhandlungen des 16. Juristentags 1882 unter den Gutachtern [1]). Persönlich war er wohl nicht zugegen [2]).

Als Grazer Professor hätte er dann, ein Jahrzehnt später, auf dem geplanten Grazer Juristentag [3]) (dem 22.; Jahr 1893) das Korreferat über die Frage erstatten sollen: Empfiehlt sich eine besondere gesetzgeberische Regelung der sogenannten Bankdepotgeschäfte und eine Sonderung ihrer verschiedenen Arten? Die Grazer Tagung kam nicht

---

[1]) Gutachten über die Frage: Soll im bürgerlichen allgemeinen Gesetzbuche die unvordenkliche Verjährung als Grund des Erwerbes, beziehungsweise Verlustes von Rechten, eventuell bei welchen Aufnahme finden? Bd. I (1882), S. 117—130. Das Gutachten fällt ablehnend aus (S. 130).

[2]) Vgl. Bd. 2 (1883) Mitgliederverzeichnis und S. 52 ff.

[3]) Verhandl. 22. J. T. Gutachten (1892).

zustande, Strohal aber hielt als Göttinger das Referat auf dem Juristentag zu Augsburg [1]). Man muß dieses Referat lesen, um über die tiefen handelsrechtlichen, banktechnischen und volkswirtschaftlichen Kenntnisse des doch aus kleinen Verhältnissen herausgewachsenen und in einer vom Weltverkehr abgelegenen Stadt herangereiften Mannes zu staunen. So hat es auch auf die Zuhörer gewirkt [2]).

Seither war Strohal der ständige Gast der Juristentage, aber kein Gast, der die frohe Geselligkeit dieser Veranstaltung unverdient genießen wollte. Er hielt es auch hier mit seinem Goethe

Tages Arbeit, abends Gäste!
Saure Wochen, frohe Feste!

Der 23. deutsche Juristentag zählt Strohal bereits unter den Mitgliedern der ständigen Deputation. Ihr gehörte er bis ans Lebensende an, in ihrem Kreise weilte er noch wenige Tage vor seinem Tode in Bad Elster, mit vorbereitender Arbeit für den Düsseldorfer Tag befaßt. Auf allen Hauptversammlungen war er zugegen. Zündend wirkte seine Rede für das baldige Zustandekommen des Bürgerlichen Gesetzbuches auf Grund des 2. Entwurfs, die er zu diesem Antrage auf dem 23. Juristentag zu Bremen gehalten hat [3]). Die Rede schließt: „Anknüpfend an ein großes Wort aus großer Zeit möchte ich nur noch sagen: Lassen Sie uns Deutschland auch in zivilrechtlicher Beziehung in den Sattel setzen, reiten wird er schon können.“

Und so kann er denn auf dem 24. Juristentag zu Posen (1898) bereits zum gewordenen Gesetz sprechen. Steht doch eines seiner Lieblingsthemen, das Besitzrecht, zur

[1]) Verhandl. 22. J. T. Stenogr. Ber. (1893) S. 189—213. 222.
[2]) Vgl. S. 213.
[3]) Verhandl. Stenogr. Ber. (1895) S. 458—460.

Diskussion [1]). Lebhaft ergreift er wieder auf der 27. Tagung zu Innsbruck (1904) das Wort, als Referent zum Verhandlungsgegenstand: Worin besteht der Schadensersatz wegen Nichterfüllung eines gegenseitigen Vertrags? [2]) Heimatluft umweht ihn da, und er ist wie kein zweiter imstande, die Klinge mit österreichischen und deutschen Juristen gleich scharf zu kreuzen. Es fällt auch mancher Hieb, und scherzend meint er selbst, er dürfe sich „als Angehöriger des Landes Tirol manches erlauben, was sich vielleicht ein anderer an seiner Stelle nicht erlauben dürfe". Aber das war eben das Eigenartige am wissenschaftlichen und am persönlichen Umgange mit Strohal: nicht bloß bei diesem Juristentag, wo die Lebenskraft in ihm besonders aufschäumen mochte. Wer hätte ihm ein Wort verargen können, das er ohne jede Verstellung — die ihm fremd war — heraussagte, so, wie es ihm auf die Lippen kam? Man brauchte nur in seine treuen Augen zu schauen, und, das herzliche Lachen um seine Lippen spielen zu sehen, um zu wissen: der Mann meint es nie bös, und in seinem Herzen ist keine Falschheit. Darum war ihm auch kalte Liebenswürdigkeit und konventionelles Phrasentum fremd im persönlichen Umgang und in seinen Werken. Denn beides ist bei Strohal untrennbar, und wer seine Rede vor dem Publikum des Juristentags gedruckt vor sich sieht, der sieht vor seinem geistigen Auge auch den temperamentvollen Redner stehen.

Noch erinnere ich an seine weise Mäßigung in der Frage „Hypothekenausfall", die auf dem 30. Juristentage, dem zu Danzig 1910, zur Debatte stand und hauptsächlich

---

[1]) Er bejaht als Referent die Frage der Zulässigkeit einer Verfolgung des dinglichen Anspruchs auf Herausgabe der Sachen auch gegen den mittelbaren Besitzer. Verhandl. Bd. 4 (1898), 129—140.

[2]) Verhandl. Bd. 4 (1905), 112—134; 156—160, 161.

auf seine Initiative hin als noch nicht spruchreif zurückgestellt wurde [1]). Das letztemal sollte er aber auf der 31. Tagung sprechen: in Wien, auf österreichischer Erde, über ein Thema, das auch auf seine Jugendtage zurückwies: Schuldübernahme bei der Hypothek; Leitsätze mit einem Korreferenten formulierend, der in der Grazer Zeit schon sein Freund und Kollege gewesen [2]). Und wieder: über all dem Ernst der Rede, womit er ein sozial so ernstes Problem erörtert [3]), und über all der Klarheit der Berichterstattung, mit der er Meinung und Gegenmeinung Revue passieren läßt [4]), vergißt er auch nicht der fröhlichen Würze der Rede, des ridendo dicere vera. Ihering klingt wieder, wenn er einem Gutachter das Motto empfiehlt: „Grau, teurer Freund, ist alle Theorie und grün des Lebens goldener Baum." Und wenn er weiter zitiert [5]): „Ein Kerl, der (nur) spekuliert, ist wie ein Tier auf dürrer Heide, vom bösen Geist im Kreis herumgeführt und ringsherum ist grüne Weide", so hat er selber das „nur" in Parenthese eingeschoben.

Seinen Bericht [6]) hat Strohal mit den Worten geschlossen: „Was wir Ihnen bringen, ist natürlich kein Gesetzentwurf. Zur Herstellung eines solchen ist der Juristentag nicht berufen. Wohl aber kann er durch einen gefaßten Beschluß eine starke Anregung dafür geben, daß eine mit unserem Problem sich befassende Gesetzgebung es nicht auf dem Wege der Formaljurisprudenz durch ein des praktischen Wertes entbehrendes bedrucktes Stück Papier,

---

[1]) Verhandl. Bd. 2 (1911) Stenogr. Ber. 69—72. Vgl. S. 88 und 549.

[2]) Pfersche (Prag).

[3]) Verhandl. 31. J. T. Bd. 3 (1913), Stenogr. Ber. 136—147.

[4]) A. a. O. 180—185. 952—957.

[5]) S. 137.

[6]) S. 147.

sondern vom Standpunkte gerechter Abwägung der in Frage kommenden großen wirtschaftlichen Interessen erledigt und so auch auf unserem Gebiete der sozialen Aufgabe des Privatrechts gerecht wird." Die Worte sind, ohne daß der Sprecher in frischer Schaffenskraft dran denken mochte, sein Vermächtnis für den deutschen Juristentag geworden. Wer möchte die Aufgabe der Versammlung des juristischen Deutschland und Österreich besser umschreiben? Strohal hat den Tagungen viel verdankt an Arbeitsförderung und auch an Freude und Freundschaft, aber er hat den Tagungen viel vergolten und er war den Teilnehmern mehr als ein glänzender Jurist, er war ihnen das Vorbild eines edlen Mannes. Seine Arbeit überlebt ihn, aber schöner noch verklärt die Erinnerung sein Bild.

Strohal war in Leipzig festgewurzelt. Die juristische Fakultät, an der ihm nicht bloß Kollegialität, auch Freundschaft und Kameradschaft [1]) erblühte, das Reichsgericht, das ihm die Möglichkeit ständigen Verkehrs mit den Richtern des höchsten Gerichtes Deutschlands bot, die Leipziger Juristische Gesellschaft, deren Vorstand er angehörte, sie waren ihm unentbehrlich geworden. So hat er denn auch dem lockenden Rufe entsagt, den Österreich an seinen berühmten Sohn 1905 ergehen ließ, ihm die Stelle eines Lehrers des österreichischen Zivilrechts an der ersten Universität des Reiches bietend. Aber gefreut hat ihn diese Ehrung doch ganz gewaltig [2]), besonders daß ihn der damalige österreichische Unterrichtsminister von Hartel wissen ließ, „daß seine politische Gesinnung durchaus kein Hindernis seiner Berufung bilde, die Verhältnisse sich vielmehr so

[1]) Man lese nur seinen herzlichen Nachruf auf den „guten Kameraden" Ed. Hölder DJZ. XVI (1911) 631 f. Strohal hat ihm auch die Trauerrede am Sarge gehalten. Degenkolb und zuletzt noch Binding hat er mit Festgaben bedacht. S. o. S. 29, N. 3 und S. 31, N. 1.

[2]) DJZ. XIV (1909) 1031 (Autobiographie).

gestaltet hätten, daß es sogar erwünscht sei, wenn österreichische Professoren zugleich Führer des Volks seien, dem sie angehören“.

Strohal hätte in Österreich vielleicht auch mit seinem feurigen Temperament die Erneuerung des österreichischen Privatrechts beschleunigt. Kommen wird sie ja, wenn der alte Staat sich seiner ruhmreichen Vergangenheit auch in dieser Frage besinnt. Aber Strohal wäre der geborene Gesetzgeber für das neue österreichische Privatrecht gewesen, er hätte freilich in der Novellengesetzgebung, mit der sich selbst ein Unger einstweilen bescheiden wollte und die nunmehr ja schon viele Fortschritte gezeitigt hat, kein dauerndes Genügen gefunden. Sein Plan wäre auch für Österreich nach einem neuen Ganzen wenn schon nicht von vornherein gestanden, so doch dazu geworden. Und Strohal wäre der Mann gewesen, mit lebendiger Energie Hindernisse aus dem Weg zu räumen, er hätte aber auch die Klugheit besessen, dort, wo die Hindernisse unübersteigbar waren, ihnen aus dem Wege zu gehen und nicht um des Teiles willen das Ganze zu gefährden [1]).

Zu Strohals 70. Geburtstag Silvester 1914 haben sich Schüler und Freunde für eine Festschrift gerüstet [2]). Sie hat ihm nicht mehr überreicht werden, das Fest, das geplant war, hat nicht mehr stattfinden können. Voll Wehmut wird einer da, der andere dort dem Andenken des Dahingegangenen die Gabe widmen, für die er gern das Interesse des Lebenden erbeten hätte [3]). Und diese

---

[1]) Vgl. seine Äußerungen „Neue Freie Presse“ vom 2. Juni 1904.

[2]) Titze und Rabel, Strohals Schüler und Träger seiner Erinnerung in Göttingen, hatten sie vorbereitet. Zahlreiche Beiträge waren teils schon eingeliefert, teils zugesagt.

[3]) Eben schon hat Gustav Hanausek seine Schrift Schiedsvertrag und Schiedsgericht nach österreichischem Recht (Wien 1914) dem Andenken des Verewigten gewidmet.

Ehrung hätte ihn gewiß gefreut. Sonst freilich dachte er über äußere Ehren anders. Ich habe darum von Titel und Orden nicht berichten wollen, die ihn auszeichneten. Denn mir liegt sein herzliches Lachen im Ohr, wenn er die Schwäche menschlicher Eitelkeit an dem und jenem Beispiel illustrierte. Auch dieser Zug bescheidener Vornehmheit gehört zu Strohals Bild.

Wie ein Blitz aus heitrem Himmel traf die Nachricht von Strohals plötzlichem Tode seinen weiten Freundeskreis. Die Nächsten hatten freilich schon um seine Gesundheit gebangt. Und ihn selbst hat wohl länger schon dunkle Ahnung umschlichen, doch er hat sie um seiner Lieben willen in rastloser Arbeit besiegt. Noch einmal brach die Sonne durch das Gewölk, das ihm so oft den Himmel verdüstert hatte: in den letzten Tagen war auch die Tochter wieder um ihn. Am Nachmittag des 6. Juni war er eben daran, wieder die Arbeit aufzunehmen, die wenige Stunden geruht. Da raffte ihn ein Schlaganfall dahin. Drei Tage später trug man ihn zu Grabe. Die Universität, Kollegen und Freunde, die Korporationen der Studenten, befreundete Praktiker, die Vertreter auswärtiger, darunter vier österreichischer Universitäten, die Schüler Strohals, die selbst akademische Lehrer geworden: sie alle drängten sich, um den Kindern des Verewigten den schwachen Trost zu bringen, den Menschen bringen können. Blumen türmten sich auf Blumen, Palmen senkten sich über Palmen auf den Sarg, und Reden sagten dem Edlen, Guten Lebewohl, so gut es Menschen sagen können, deren Herzen übervoll von Trauer sind. Dann segnete der Priester die Erde, in der nun ruht, was sterblich war an Emil Strohal.

Oft hat er in schweren Kümmernissen die Verse des Chors der Jünger aus dem ersten Teil des Faust zitiert:

Hat der Begrabene
Schon sich nach oben,
Lebend Erhabene
Herrlich erhoben;
Ist er in Werdelust
Schaffender Freude nah:
Ach! an der Erde Brust
Sind wir zum Leide da.
Ließ er die Seinen
Schmachtend uns hier zurück;
Ach! wir beweinen,
Meister, Dein Glück!

Über alles Leid, das ihm das Erdenwallen gebracht, erhob ihn doch hier schon das Glück, das der Chor der Engel besingt, der Faustens Unsterbliches entführt:

Heilige Gluten!
Wen sie umschweben,
Fühlt sich im Leben
Selig mit Guten.

Jetzt aber ist alles Erdenleid für ihn gebannt: denn weiter singt der Chor:

Alle vereinigt
Hebt euch und preist!
Luft ist gereinigt,
Atme der Geist!

Druck von Georg Reimer, Berlin W. 10.

Kolibri 360 GmbH
Ferdinand-Jühlke-Straße 7
99095 Erfurt, Deutschland
produktsicherheit@kolibri360.de